현대시세계 시인선 182

겨자씨의 문장

김보일
시집

겨자씨의 문장

김보일
시집

시인의 말

어떤 말벌에 쏘인 거미들은
하던 일을 그치고
말벌이 자신에게 슬어놓은
알을 위한 집을 짓기 시작한다

나는 나의 집을 짓고 있는 중일까

2025년 유월
김보일

차례

시인의 말 5

1부

흰모래사막의 아침 · 13
조박나무는 없다 · 14
새벽 편지 · 15
가을 소풍 · 16
새벽에 울다 · 17
밤하늘 · 18
도다리쑥국 · 19
구월산 순대국집 · 20
가을, 청양 · 22
샛길로 빠지다 · 24
수묵화 · 27
콰지모도의 노래 · 28
선일종합악기 · 30
안녕, 8월이여 · 31
흐린 길 · 32

2부

태평양 시리즈 · 35
보무도 당당히 · 36
즐거운 생식 · 37
속상한 나무 · 38
겨자씨의 문장 · 39
극단 수목원 · 40
공 · 42
운동장을 가로지르다 · 43
아주 조그마한 나무 · 44
상처 · 45
시간의 얼룩 · 46
그해 겨울의 개 · 48
태양을 신고 · 50
새벽달 · 52
목련꽃 나무 아래 · 53

3부

청죽 · 57
유리알 유희 · 58
나의 왼손 · 59
캥거루 가족 · 60
통방산 황벽나무 · 62
눈먼 무사와 어리석은 새들 · 64
사망신고서 위의 요셉 · 66
높은 산 · 69
입술소리 미음 · 70
겉보리 세 가마 · 72
방화벽 · 75
볍과 법 · 78
외통수 · 80
자궁의 냄새 · 82
묘비명 · 84

4부

흠집 · 87

불빛 하나 · 88

먼나무 · 90

벙어리장갑 · 92

좁쌀꽃 · 93

봉평에서 대화까지 · 94

곡우 무렵 · 96

고요를 만나다 · 97

불귀 · 98

아침 · 99

애월에서 · 100

오래된 노래처럼 · 102

크리스탈마운틴 · 103

밤하늘의 등뼈 · 104

편지 · 106

5부

에스프레소 · 109

등 뒤의 별 · 110

VERTIGO · 112

족도리풀 · 113

장님새우의 시간 · 114

구름주유소 · 116

눈깔 · 117

왕의 동전 · 118

오리너구리 · 119

공기空氣의 상소문 · 120

족제비꼬리털 붓 · 122

연꽃잎차 · 124

한 개의 저울, 두 개의 눈금 · 125

화살 · 126

헌 신, 혹은 헌신 · 128

나의 시를 말한다 떨림과 머뭇거림의 경계 / 김보일 · 130

1부

흰모래사막의 아침

 브라질 렌소이스 마라녠지 흰모래사막 6개월의 건기가 시작되어 웅덩이가 마르면 물고기들의 알은 돌 속에서 굳어가고 뱃구레에 노란 황금의 무늬를 새긴 브라질거북은 등갑 속으로 몸을 웅크리며 반 년 동안의 기나긴 잠에 든다 바람이 모래언덕을 몰고 가며 모래 위에 알 수 없는 문자로 도마뱀의 흔적을 새기는 동안 다시 우기가 시작되면 두꺼비와 물고기들의 알이 돌 속에서 깨어나고 잘 마른 건기의 침상에서 일어난 노인들은 은빛 수염의 모래를 털고 그물을 메고 시오 리 밖 코발트빛 바다로 간다 지구의 하루가 시작되는 흰모래사막의 아침

조박나무는 없다

바람이 흔들어줄 잎사귀도 없고
그 꽃이나 열매도 없다
멀쩡하게 있던 나무가 어느 날
갑자기 사라진 것도 아니다
효험이 있는 약재라 씨가 마른 것도 아니다
조박나무가 존재한다는 소문도 없었다
누구의 입에도 오른 적이 없는 조박나무
어떤 짐승의 눈에도 띄어본 적이 없는 조박나무
무신론자의 하나님처럼
조박나무는 태초부터 없었다
어떤 벌레도 조박나무를 갉아먹지 못했고
어떤 새도 조박나무 가지에 둥지를 틀지 못했다
어떤 벌목공의 도끼도 조박나무를 쓰러뜨리지 못했다
조박나무의 은신처를 찾았다는 심마니도 없었다
없는 것을 찾는 것은 산삼을 찾는 것만큼 어려운 일이다
없는 것은 애당초 언급을 하지 말았어야 했다
굳이 없다고 하는 조박나무를 누군가가 보았다고 한다면
어떤 어수룩하고 맹한 나무가
조박나무의 이름을 뒤집어썼구나
생각하면 그만이다

새벽 편지

펜을 잉크에 찍는다는 게 그만
무심코 유리컵 속에 찍었다
물 속으로 사라져가는 푸른 빛
저 창백한 빛을 건져
펜촉을 눌러 남은 편지를 쓴다면
물 속으로 나른하게 번지던 문장
그 끝을 당신은 한 글자 한 글자 읽어낼 것이다

가을 소풍

어떤 아이가 놓쳐버린
보물이었을까

쥐똥나무와 쥐똥나무 사이
접힌 쪽지 하나

가랑잎과 함께
젖고 있었다

새벽에 울다

바닥이 운다
삼류건달
강재가 운다

파이란*
파이란
나도 누군가의 사랑이었구나

끼룩끼룩
새벽의 술병이 운다

＊2001년 개봉했던 송해성 감독의 영화.

밤하늘

일요일에 태어난 별과
수요일에 죽은 별이
나란히 밤하늘에 떠 있다
어둠이 물고기자리 너머에서
금요일의 별을 낳고 있을 때
손가락 마디마디를 짚어가며
충돌과 폭발, 신생과 죽음으로 점철된
우주의 역사를 기록하고 있는 별들도 있을 것이다
천산을 넘고 장강을 건너던 별도
붉은 깃발을 달고 대륙을 가로지르던 별도
우국의 문장을 남기고 자진한 별도
탁주에 혀가 풀려 곤죽이 된 별도
투전판에서 전답을 잃은 별도
모두 같은 자리에서
침묵의 문장으로 반짝일 것이다
일곱 번을 지우고도 파지가 되어버린 새벽의 문장도
지난 일주일 몸살을 앓았던 당신의 시간도
밤하늘의 어디쯤에서 빛나고 있을 것이다
이긴 자와 진 자가 나란히 빛나는 하늘

도다리쑥국

이 뽀얗고 간간한 것은 남쪽 어떤 아름다운 동네의 이름이고
쑥국새 우는 시절에 온다던 어질고 넉넉한 사내를 생각하는
귓불이 고운 한 여자가 마시는 낮술의 이름이다
사람이 사람을 기다려 도다리가 되고
쑥국이 되고 낮술이 되는 동네
도다리쑥국에 봄이 오면
밤중에 등불은 이르게 꺼지고
홍매화가 창마다 낯을 붉힌다

구월산 순대국집

창천동 구월산에서 벗,장성이를 기다린다
임꺽정, 장길산, 홍길동
구월산은 대도들의 소굴

육당은 이 산을 일러
주먹을 불끈 쥔 채
천만인이라도 덤벼라 하는
기개가 시퍼렇게 살아 있는 산이라 했다

그 기개는
왕족발, 왕순대라는 간판에 살아 있고
내가 기다리는 벗,장성이란 이름에도 살아 있고
쌍영총 벽화의 여인을 닮은
연변 아낙의 사투리에도
순댓국 속 돼지머리와 새우젓에도 살아 있다

천만인의 가슴을 버힌 대도大盜
4월의 봄비에도 살아 있다

오지 않는 벗의 자리에 봄비를 앉히고

빈 잔을 채우고 두 잔을 비우니
막걸리는 목련을 닮았고
목련은 봄비를 닮았다

구월산의 도적이며
버들강아지, 나리꽃
와야 할 것들은
이미 다 와 있는 것만 같았다

가을, 청양

여름에 놓친 물고기가 팔뚝만 해질 동안
사내들은 톱과 망치와 대패와 끌로 나무를 다듬었다
지곡리 노인회관 앞에 몰려 있던 햇살도 일찌감치
고추와 구기자가 널린 슬레이트 지붕 쪽으로 몰려갔다
천렵을 하기에 부쩍 차가워진 공기
사내들은 목재창고 안에 뉘어진
자전거를 일으켜 세워 톱밥먼지를 털고
한여름 내내 땀으로 키운 거친 숨을
자전거의 허파에 불어넣는다
탱탱히 부풀어오르는 고무바퀴
길들은 이 바퀴 아래에서 온순해지리라
백제보까지는 이십 리
저녁별이 뜨기 전에는 돌아오마고
국수가 불어터지기 전에 돌아오마고
사내들은 페달을 밟는다
하늘거리는 가을꽃
노을의 붉은 뒤태를 따라
남천과 억새 사이
미루나무와 잉화달천* 사이
자전거가 굴러간다

방울새가 굴러간다
가을은 짧다고
어디든 여기서 멀지 않다고
어떤 예감으로 댐은 일제히 수문을 열고
은빛 물고기들을 쏟아낸다

*충남 청양군 정산면을 흐르는 지방하천의 이름.

샛길로 빠지다

자유로를 따라가다
문발인터체인지를 막 지나
이름 없는 샛길로 빠진다
험상궂은 비포장도로를 따라
펼쳐지는 파주 벌판
숨이 트인다

달릴 때는
광활이 눈에 보이지 않는다
되새와 갈대의 무리
농게와 들판도 보이지 않는다

옆길로 새야
비로소 보이는 것들

비무장인 나를 경계하듯
까맣게 날아오르는 되새들
제가 파놓은 참호 속으로
깊이 몸을 숨기는 농게들

적막 위에 뒹구는
철망과 초소들
어둠 속에 눈에 불을 켠 고라니들이
인기척에 놀라
새가슴이 되는 곳

그러나
어디에서나 봄날은 있다
봄꽃이 시들할 무렵이면
낚시꾼들은
황복의 월척을 낚아 올렸다
황복의 살점 주위로
몰려들던 사람들의 왁자함을
물끄러미 지켜만 보고 있던
들판

강 너머에서
불이 하나둘씩 켜지면
초병들은
검댕 속을 포복한

굴뚝새의 얼굴로 나타난다
구름과 자동차
딸기와 잉크
오늘의 암구호
달빛의 모자를
깊숙이 눌러 쓰고
굴뚝새들은 소총을 매고
한낮의 정적과
임무를 교대한다

수묵화

색이 번질 때
색의 경계가 허물어지는 곳에서는
뭐라 말할 수 없는 빛깔이 생겨난다

내가 너로 번질 때도 그랬다

너에게 있는 것이 내게로 오고
나에게 있는 것이 너에게로 갔다

콰지모도의 노래*

당신
어두워 오는 내 몸 안에 무수히 우글거리는 나 보셨습지
허술한 울타리 새새틈틈이 꼬물거리는
실뱀들의 질주 막을 수 없고
그 한 마리 똬리 풀어 당신께 갈 때
차마 소스라치던 그대 모습
아, 나 억장 무너져 꽃잎 위에 누워
진혼의 노래로만 잠들고 싶었던 것인데요만
헤헤, 이승은 악연입니다요
그대는 나날이 눈부셔지고
나 그대 따라 밝아질 수 없을 것인데요
차마 모가지 뎅강 잘라버릴 수 없는 날들이
파리지옥 모냥 줄줄이 달겨드는데요
꿈이라도 이리 모진 꿈이 있겠느냐군입쇼
귀머거리 삼 년 벙어리 삼 년
나 봄내 눈멀어 꽃피는 나문뎁쇼
살아온 날들이 살아갈 날들의 무덤인뎁쇼
나 어두워 있고
그대 하나 밝아 있어
내 노래는 등에 진 둥근 무덤 속입지요만

양지꽃 샛노란 봄은 불지옥입니다요만
갑지요 갈 것이군입죠
내 어둠으로 이 도시의 어디쯤 세워질
당신의 눈부신 아름다움 증거하며
내 노래 그대 아름다움 야곰야곰 갉아먹으러
헤헤, 갈 것이군입죠

---

*콰지모도 : 빅톨 위고의 소설 「노틀담의 곱추」의 주인공.

선일종합악기

노인들이 돋보기를 팔며 끄덕끄덕 졸고 있는
낙원상가 허리우드 극장 아래층
일 년에 한 번도 햇볕이 들지 않는 곳에
'선일종합악기'는 있다
세상에 아직 태어나지 않은 울음과
한숨과 절규가 가부좌를 틀고 앉아 있다
잠시 머물다 가는 소리들의 삶이여
도착지까지 한눈을 팔 수 없는
도구들의 삶이란 얼마나 적막한가
하지만 아직 태어나지 않은 너희 노래의 불씨에
곱은 손을 녹이며
사람들은 국밥의 입김처럼
추운 겨울을 펄펄 날 것이다
스러지고 처진 이를 붙들어주는
하나의 위로
국밥 한 그릇이 불러오는 노래로
또 하루를 사는 사람들

안녕, 8월이여

두근거리던 목책 너머로 익어가던
푸른 사과 한 알의 여름이여
열 손가락 안의 물고기를 들여다보던
수줍은 목덜미여
그 목덜미 끝에 달린 끝 모를 벼랑이여
새벽의 우물물을 온통 뒤집어써도
쉽게 사그라지지 않던 한여름밤의 눈동자여

흐린 길

어망을 들고 칠갑산 잉화달천으로 갔다
늦여름의 물은 차고 맑았다

담쟁이 잎이 발목을 할퀴었다
태풍으로 불어난 물살이 신발을 벗겼다
강물에 얹힌 신발을 따라가던 몸을
강물이 뒤집었다
물살이 몸을 굴렸다

가까스로 수초를 잡고 일어서니
풍경이 흐릿했다

안경이 없었다

나를 벗어두고 안경은 강물을 따라갔다
나를 벗어버리고 신발도 어스름을 따라갔다

병 속의 물고기를 다리에서 놓아주고
벗어버릴 수 없는 몸을 끌고
나도 저녁해를 따라 밤으로 갔다

2부

태평양 시리즈

파도의 함성이
하늘을 가득 채우는 10월

샌프란시스코 자이언츠 구장에서
거인의 방망이가 장외홈런을 날린다

공이 '퐁'하고
바다에 빠진다

갑작스러운 '퐁' 소리에
꿈길을 헤매던 물고기들이 눈곱을 떼고

심해어들은 콧등에 불을 밝힌다

바야흐로 태평양 시리즈의 개막이다

보무도 당당히

나귀가 사람을 태우고 온다는 것도
실로 어마어마한 일이다*
먼 우주의 먼지로부터
진화의 나뭇가지 끝에 살아남은
서바이버의 후예들이
보무도 당당히 오는 것이다
타박타박
우주의 한 페이지를 쓰고 있는 것이다
어떤 실패한 사내
어떤 비루한 나귀일지라도

---

*정현종 시인의 시 「방문객」의 첫 구절을 변형했다.

즐거운 생식

놀면 뭘해
알이나 까지
꾸역꾸역
알을 까는
바퀴벌레들
쪼루루루
달려가는
바퀴벌레들

속상한 나무

날씨가 너무 좋아
속상한 나무
하늘이 너무 맑아
속상한 나무
하릴없이
바람에 뒤척이다가
속이 상해
뾰로통해
서 있는 나무

겨자씨의 문장

 겨자나무가 뱉어낸 겨자씨가 배신의 겨울을 낳고, 겨울이 창가의 성에와 입김을 낳고, 입김이 간지러운 귓바퀴를 낳고, 귓바퀴는 목젖과 목장을 낳고, 목장은 종다리의 하늘과 하품하는 강아지와 고양이를 낳고, 고양이는 하얀 수염을 낳고, 하얀 수염은 아브라함과 이삭의 나라를 낳고, 이삭은 일요일의 식탁과 아침의 창문을 낳고, 창문은 흘러가는 구름과 아름답고 쓸모없는 물고기를 낳았도다 겨자씨의 미미한 시작詩作이여 시작과 끝을 모르는 시간이여 제 꼬리를 잡으려고 뱅뱅 돌다 웃음을 토하며 쓰러지던 무구한 말들이여 이게 말이야 막걸리야 말뚝의 줄을 비웃으며 울타리를 뛰어넘던 말씀의 후렛자식들이여

극단 수목원

 하늘은 창세기부터 푸른 색이었던 것처럼 말 없이 떠 있기만 하는 거야 낮달이 떴다고 별들이 튀어나와서는 안 돼 우린 실험극단이 아니라고 빌어먹을 나무는 있어도 줄넘기를 하는 나무는 없어 모든 싱그러운 나무는 싱글, 연리지의 순정 멜로 따위는 여기 없어 대왕참나무의 의상과 굴참나무의 의상이 뒤바뀌지 않도록 할 것 바람도 너무 굼뜨지 말고 존재감을 보여주라고 적당히 나무들을 흔들어주는 거야 나무들도 바람의 속도에 리듬을 맞춰 스텝을 밟아주는 거 잊지 말고 사시나무는 살랑바람에도 간지러 간지러 호들갑을 떨어보라고 나무는 남의 눈치 보는 일이 없으니 자발없이 몸을 흔들어주는 거야 죽은 나무는 계속 열심히 죽어 있는 거지 눈썹 하나 까딱이지 말고 마치 죽음이 삶인 것처럼 호흡을 닫아둬 눈과 귀를 닫고 내면 연기 따위는 잊어버릴 것 열매들은 제가 달릴 위치 확인을 끝냈겠지만 모든 사과들이 배나무에 달려 있어도 관객들은 사과나무가 본래 저러려니 하지 감이 배롱나무에 달려도 사정은 마찬가지 기린 목에 사자의 얼굴이 얹힌 것처럼 놀라지는 않아 여기는 수목원이고 어디까지나 마이너리그지 다시 한번 말하지만 우리는 실험극단이 아니야 자, 다들 제 위치로 가서 마치 그 자리에서 천년만년 있었던 것처럼 자연스럽게 뻔뻔스럽게 또 의뭉스럽게 모두 생각을 비우고 NG가 나면 바람이 마구 불어주는 거야 나무의 역사에 스톱은 없어 사시나무는 죽어라 제 몸을 흔들어주고 죽은 나무는 신경 끄고 죽은 듯 겨울의 벤치처럼 죽어 있으라고 이때다 하고 움직이는 것들 속에 섞이려고 고개를 들지 말라고 삶이 죽음을 엿본다고 해서 주검이 실눈을 떠선 안 돼 한 번이지 두 번은 없어 자, 모두 어깨의 힘 빼고 갑시다

공

죽은 짐승의 가죽 주머니나 오줌보에 숨을 불어넣고
배꼽을 묶어 내지르니 그것은 살처럼 하늘로 솟아올랐다
오장육부도 없이 구르고 솟고 튀어오르는
바람으로 끼니를 채운, 저 가죽껍데기를
아이들은 공이라고 부르자 했다
공공공공
이름은 입 속에서도 굴러가기 좋았다
차고, 던지고, 내동댕이치며
아이들은 공을 쫓아 담장과 울타리를 넘었다
기왓장에 금이 가고 장독 뚜껑이 깨지고
강아지의 코가 비뚤어지고
화살나무와 범부채가 목이 부러지고
꼬부랑 할머니가 리을 자로 휘청하며
탱자나무 가지를 움켜쥐었지만
속 없는 공이 방죽으로 빠지면
물방개처럼 공을 건져올렸다
아이들에게 공은
바지랑대를 넘어 미루나무를 넘어
구름 밖으로 뱉어낼 수박씨 같은 거였다

운동장을 가로지르다

아이들이 찬 공에 뒤통수를 맞았다
몇 녀석이 달려와 뒤통수를 긁으며
꾸벅 절을 한다
선생님은 그림자도 밟지 않는다는데
요것들이 힘 없는 선생 뒤통수를 때려
뒤를 봐드리지 못하고
뒈질래 죽을래 사망하실래
셋 중에 하나를 고르라니
답은 않고 다시 꾸벅 절을 하며 웃는다
웃음이 나오냐
강아지 새끼들아
앞으로 조심해하며
공을 공중으로 차주니
아이들은 꼬리를 흔들며
공쪽으로 몰려간다

아주 조그마한 나무

함박눈이 소복하게 내린 아침이었다
동네 어귀에서 한 여자가 울컥울컥 피를 토하고 있었다
기침할 때마다 흰 눈 위로 튄 피는 공포스러웠지만
세상의 어떤 꽃잎보다 선명하고 아름다웠다
그때였다
어미의 등을 두드리던 그가 나를 돌아보며 외쳤다
"구경났냐, 새꺄, 안 꺼져?"
고아원 아이들에게도 대적할 수 있는 유일한 아이
광대뼈와 찢어진 눈매
또래보다 몇 살은 더 들어보였고
그래서 함부로 할 수 없던 아이
그 아이 눈에서도 눈물이 흘렀다
그날 이후 그는 내게 더 이상 무서운 아이가 아니었다
제 어미 곁에 뿌리내리고 봄을 기다리는
나와 같은 아주 조그마한 나무였다

상처

칼로 나무에
나무를 새긴다
나무 속 상처를
나무라 부르니
칼의 날은 보이지 않고
상처의 깊이도 보이지 않는다

시간의 얼룩

인사동 골목에서 불상 하나를 샀다
시커먼 묵은 때가 세존을 두텁게 덮고 있었다
청동 전용 크림을 발라 문질렀지만 역한 냄새가 코를 찔렀다
말 못하는 세존은 오죽하실까
소금도 베이킹소다도 차량 광택제도 소용이 없었다
쇠수세미, 쇠솔까지 들이댔지만
세존의 때는 대왕거머리처럼 달라붙어 꿈쩍도 하지 않았다
피로가 아이디어를 불러왔다
'저 지워지지 않는 때, 거머리에 본드를 붙이면 어쩔까'
불현듯 떠오른 생각이었다
강력 본드는 먼저 거머리에 들러붙었다
그 힘이 장사였다
그러나 세존의 몸에 달라붙은 거머리 역시 장사였다
망치로 충격을 주자 굳은 본드 껍질이 부서지며 거머리가 떨어졌다
본드에 딸려 나온 청동의 때—
어떤 세신사도 해내지 못한 위업이었다
매니큐어를 지우는 아세톤으로 구석구석을 훑고
화학물질로 범벅된 몸에 천연 향유 서너 방울을 떨구니
잘생긴 세존께서 이마를 은은히 빛냈다

그러나 마른 수건으로 문지르자
미세한 얼룩이 다시 번져 나왔다
때란 결국 시간이 청동을 통과하며 남긴 흔적이었다
몸이 있는 한 얼룩은 끝내 사라지지 않으리라

나는 닦기를 멈추었다

그해 겨울의 개

부뚜막 곁에서
개는 불덩이 같은 몸을 떨었다
홍역이라고 했다
눈곱으로 얼룩진 눈은 일 자로 붙어버렸고
한 방울의 물도 입에 대지 않았지만
입 가득 버캐를 물고 있었다
목덜미를 쓰다듬으면
꼬랑지를 조금 움직였을 뿐
개는 꿈쩍도 하지 않았다
그러던 개가 몸을 일으켰다
다리를 떨며 진저리를 치며
쾡한 뱃구레를 일으켜 세웠다
아침마다 개밥그릇을 채워주던 어머니는
저 놈이 제 길을 찾아가는 거라며
가만두라고 했다

나와 같이 골목길을 뛰던
흙탕의 발바닥으로 뛰어올라 내 옷을 더럽히던
집에 가라고 돌을 던져도 학교까지 나를 따라오던
그 누렁이가 한 발짝 한 발짝 걸음을 떼어

굵은 눈발이 날리는 마당 한쪽 귀퉁이
사과나무 아래 몸을 눕혔다

그해 겨울
나는 볼 수 있었다
그 개의 허파에서 나온 공기가
제 몸에 쌓인 눈을 힘겹게 한번 들었다 내려놓는 것을
흰 눈이 그 개의 잠을 따뜻하게 덮어주는 것을

태양을 싣고

지구에서 가장 매혹적인 황금빛 오렌지를 만나려면
카리브 해안의 태양을 스카우트해야 합니다
태양에 이마를 그을린 오렌지 향은
바다구장의 담장을 넘어
플로리다 악어의 입에 신물이 돌게 하지요
마야 신전의 정오를 비추던 태양으로
팔뚝이 굵어진 오렌지들을
25톤 볼보 덤프트럭에 가득 실으면
이 늙다리 로드매니저의 입 안에서도
맘보의 리듬이 절로 흘러나옵니다
산타 마리아로 가는 해안도로
샛노란 오렌지를 한가득 실은 트럭의 위용에
경외라도 보내듯 코발트블루 해변은
시속 180킬로로 일제히 박수를 치며 물러서지요
금발을 나부끼는 히치하이커가
긴 속눈썹으로 트럭을 세우기라도 하면
잘생긴 오렌지들은 더 달콤해지고
꼭지에 달린 잎은 더 푸르러집니다
아랫입술을 살짝 깨물고
악셀을 조금 더 밟아보는 것도 이때랍니다

속도에 붙들린 청새치 같은 생이
몸을 한번 부르르 떠는 것도 이때랍니다

새벽달

창백한 달이 새벽창에서
반쪽이 된 얼굴을 보여준다
피곤은 너에게 보여주려고 남겨둔 내 얼굴이고
침묵은 너에게 들키려고 열어둔 유리창이다

목련꽃 나무 아래

사내는 점자유도블록을 따라간다
지팡이를 따라 몸으로 또각또각 흘러드는 길
들쭉날쭉한 생의 요철 위를 사내는 걸어간다
그의 손목에서 뻗어나간 지팡이가
길의 어떤 표정을 읽어냈는지
사내는 발을 멈춘다
종로구청 앞
목련 꽃잎이 낭자한 자리였다
물크러진 꽃잎을 딛고
사내는 한참을 서 있었다
사내는 다시 발을 뗐다
햇살도, 길도, 지팡이 소리도
눈꺼풀이 감기는 봄날의 오후도
조계사 관음전으로 가는 좁은 길로
눈이 먼 사내를 따라갔다

3부

청죽

댓잎을 그리다
잠이 든 밤에
낚싯대를 던지니
푸른 물고기들이 달려들어
먹도 없이 죽을 쳤다
지느러미를 파닥이며 날아올라
댓가지 끝에서 흔들렸다
당신이 말하는 물고기가
내가 말하는 잎사귀가 되어
풍경처럼 바람에 흔들리고 있었다

유리알 유희

 공부, 주먹, 운동, 외모… 뭐로든 될 만한 게 없었다 허름한 소년의 허세는 오직 헤르만 헤세였다 너희들이 모르는 나, 짐작조차 할 수 없는 내가 헤세의 문장 속에 있었다 헤세를 한 권이라도 더 구하기 위해선 발품을 팔아야 했다 헤세 있나요, 헤세 있나요, 청계천 헌책방을 뒤져 구한 정음사 양장본과 삼중당문고 케케묵은 먼지 속에서 찾아낸 '슈바벤'이라는 이름만으로도 소년의 신발은 더 이상 허름하지 않았다 페터 카멘찐트, 수레바퀴 밑에서, 크눌프, 청춘은 아름다워라, 데미안, 싯다르타, 황야의 이리, 나르치스와 골트문트, 동방 여행을 읽고 나니 남은 것은 유리알 유희뿐이었다 유리알 유희마저 읽어치우면 어떤 연애가 끝장날 것 같아서 첫 장을 몇 번이나 열었다 다시 덮어두었다 그렇게 오랜 세월이 흘렀다 유리알 유희, 유리알 유희, 유리알 유희, 아무래도 모든 것이 유리알 유희만 같았다 병도, 세월도, 내 앞에 있는 술잔과 벗, 흐린 안경알 너머의 세상마저도

나의 왼손

나는 떨리는 나의 왼손이 좋다
꽁꽁 닫힌 문 앞에서 머뭇거리는
그런 수줍음이 좋다
오른손이 모르는 비밀을
너에게 살짝 들키고 싶다

캥거루 가족

아~~~빠
소리를 따라가보니
머그잔 속 젖빛 소용돌이에 휘말려
새끼 캥거루가 허우적거리고 있었다
새끼손가락을 내려주니
새끼손가락 안쪽 봉우리에 걸터앉은 것은
캥거루가 아니라 딸이었다
딸이 태어나기 두 달 전
의사는 태아가 소뇌증일 가능성이 있다고 했다
임신중절을 하는 것이 어떻겠냐는 의사의 은근한 태도
며칠을 고민하던 아내는 뱃속의 아기도 생명이라며
출산을 결심했다
아내의 의지 앞에 나의 만류는 무력했다
성호를 그으며 낳아놓은 아이는
강보에 싸여 또릿또릿하기만 했다
날다람쥐처럼 똘똘하기만 했다
내 새끼손가락에 걸터앉아
머리에 묻은 우유를 닦던 캥거루 새끼
서른이 가까운 딸과 캐치볼을 한다
공중으로 솟구치며 딸이 뛰어오른다

어미 뱃가죽 같은 글로브 안으로 볼이 빨려든다
딸의 공이 내게로 날아온다

통방산 황벽나무

통방산 벽계천에 있다는 황벽나무를 만나러 갔다
도끼를 들고 나무를 지키고 있는 자가 있어
한 그루에 금동불상 하나를 쳐주겠다 해도
누군가를 닮은 듯한 그는 한사코 도리질을 했다

왼쪽 눈알을 빼어주고
황벽나무에 감춰진
문장을 읽는 시간

읽으려고만 하는 눈은 결국 보지도 못한다
서책에 썩은 눈구멍으로 무엇을 보겠느냐며
나무를 지키던 사내는 도끼를 만지작거리고
황벽나무는 아무런 문장도 내뱉지 않았다

눈알을 다시 달라고 하여 동공에 다시 쑤셔박으니
황벽나무와 통방산과 벽계천은 간 곳이 없고
무거운 지붕을 들어올리고 있는 새벽의 불빛이 보였다
중증근무력증은 눈으로부터 시작일 수도 있고
눈에서 끝날 수도 있다는 신경과 의사의 말도 떠올랐다
안경알을 닦고 읽다 둔 수목도감을 펴니

다시 잠이 쏟아졌다
잠결에 신경과 의사가 도끼를 든 사내와
서로 닮았다는 생각이 설핏 들었다

신경과 의사와 도끼를 든 사내가
황벽나무 한 그루를 베어내어
눈꺼풀에 올려놓았다
한생이 폭삭 주저앉을 것 같았다

눈먼 무사와 어리석은 새들

　새카만 어둠이 밀려왔다 달도 별도 없는 어둠 속에서 날카로운 새 울음소리가 들렸다 공기들의 흐름이 둔해지고 시간이 더디게 가는 것으로 보아 검은 새가 틀림이 없었다 들쥐들의 부산스런 인기척으로 보아 강하고 날카로운 부리를 가지고 있는 녀석이리라 어둠 속에 검은 날개를 펴는 녀석을 나는 오직 소리로만 좇아야 했다 녹슨 칼로 녀석을 단칼에 버히려면 두 귀를 바짝 열어야 했다 두 귀에 소리를 몰아주려는 뜻이었는지 이미 눈알은 마른 호두알이 되어 얼굴에 박혀 있었다

　저벅저벅 무거운 신발 소리를 끌고 온 검은 새는 놀랍게도 흰 가운을 입고 있는 여의사였다 낮에 서울대학병원 안과병동 5번 진료실에서 환자분은 눈꺼풀의 근육이 처지는 안검하수 어쩌고저쩌고 한 여자 안과의였다 여의사는 내게 녹슨 칼로 눈을 가리고 시력검사판을 보라며 검은 새를 막대로 짚었다 시력검사판의 모든 글자들이 일제히 검은 날개를 푸드득거렸다

　눈을 뜨니 4시가 조금 넘었다 인공눈물을 넣을 시간이었지만 검은 새들은 눈꺼풀 위에서 좀처럼 내려오지 않았다

어리석은 새들은 꿈속과 꿈밖의 경계를 모른다 신경외과 의사들은 그 어리석은 새들에게 특별한 질병의 이름을 붙였다 그러나 새들에게 잘못을 물을 이유는 없었다 꿈속과 꿈밖의 경계에 뚫린 구멍이 문제였다 여자 의사도 하얀 가운을 걸치고 그 구멍을 통해 내게로 걸어들어왔을 것이다 내 몸은 다만 세상으로 난 커다란 구멍이었다

사망신고서 위의 요셉

신수동 주민센터에서 아버지의 사망신고를 했다
접수를 마치지 않으면 망자는
법적으로 망자의 자격을 얻지 못한다
접수처 직원은 몇 차례 마우스를 클릭했다
수 차례의 클릭 끝에
사망신고가 접수되었음을 알렸다
이제 아버지는 대한민국의 공민이 아니다
온전히 사적인 개인이 되었다
더 이상 나누어야 할 몸도 없었다
모든 공민으로서의 의무를 벗고
공민으로서 누려야 할 지상의 권리도 포기했다
이행명령서도 범칙금 납부독촉서도
이제는 날아오지 않을 것이다
아버지는 이제
조회와 검색과 클릭의 대상이 되었을 뿐
주시와 사찰의 대상이 될 수는 없다
무구어세無求於世
세상에서 구하지 말라고 했던가
아버지는 이제야
무엇에도 의존하지 않아도 좋은 몸을 얻은 것이다

주민센터를 나왔을 때
굵은 비가 쏟아지기 시작했다
맞은편 신수동 성당의 붉은 벽돌이
비에 젖는 모습을 보며
문득 아버지의 가톨릭 본명이
요셉임을 떠올렸다
마리아의 남편이면서도
예수의 아버지라 말해보지 못한 남자
예수의 양부
그러나 사망신고를 마친 요셉은
내 살과 피를 낳은 친부다
나는 요셉의 씨를 받아 태어났고 자라났다
어떤 이적도

내 탄생에 관여한 바 없고
동방박사 세 사람의 친견도 받은 바 없으며
본시오 빌라도에게
박해를 받은 적도 없다
사람의 아들로서 겪어야 할
소소한 우여곡절을 겪었을 뿐

십자가를 진 적도 없다
저리로써 산 자와 죽은 자를
심판하러 올 까닭도 없다
내가 할 일이라곤
공호이 되는 일뿐이다
신수동에서 살았던
한 노인의 생전의 기록을
말끔히 지우려는 듯
빗줄기는 거셌다
그쳐라 그는 이제 재가 되었다
지상의 비를 맞을 수 없는
불귀의 객이 되었다

높은 산

아무도 그에게 문병 오지 않았으므로
병은 온전히 그의 것일 수 있었다

그는 문을 걸어 잠그고
그의 병을 껴안았다
광나무 열매가 눈 속에 까만 눈을 뜨도록

병에게 안겨 그는 오래도록 따스했다

희박한 공기 속에서
산은 백설의 자태를 드러냈고
계곡의 물이 불어 봄이 왔지만

아무도 그를 볼 수가 없었다

입술소리 미음

응암동 요양병원
장기요양 1등급인 아버지는
비쩍 마른 송아지처럼
침대에 누워 있었다
코뚜레인 양 고무호스를 코에 끼우고
맑고 큰 눈을 끔벅이며 있었다
내 돈 내놓으라고 소리치던
눈이 아니었다
현관 자동문 비밀번호를 잊고 서성거리던
눈이 아니었다
링거액처럼 투명한 눈이었다
그러나 오늘이 설이에요 설이라구요 외쳐도
아버지의 눈은 차례상의 민어처럼 꿈쩍도 하지 않았다
아들도 딸도 며느리와 손주들도 알아보지 못했다
누이가 내가 누구냐고 해도 눈만 끔벅였다
그러나 1898년 8월 18일이라고 적힌
할머니의 주민등록증을 내보이며
누구냐고 물었을 때
벌어진 입술이 힘겹게 닫혔다가 열렸다
목울대로 빠져나온 허파 속의 공기가 두 입술에 부딪히는 소리

송아지가 어미 소를 부르는 음메 속의 미음
열꽃이 핀 아이가 물을 찾으며 부르는 엄마 속의 미음
배고픈 아이가 밥을 찾아 보채는 맘마 속의 미음
아픈 몸속으로 떠 넣어주던 미음 속의 미음
두 입술이 붙었다 떨어지며
목숨의 부호를 타전해왔다
엄마
한 노인이 송아지처럼 제 어미를 부르는 소리에
누이와 아내와 제수씨와 딸의 눈가가 먼저 젖었고
나는 세상에 없는 엄마를 생각하며
가만히 아랫입술을 깨물었다

겉보리 세 가마

목련의 새순이 당장이라도 솜이불을 걷어찰 기세였지만
아버지의 손과 발은 아기 고사리처럼 말려 있었고
요양병원의 창문은 아버지의 입술처럼 굳게 닫혀 있었다
아버지는 저 손으로 땅을 파셨다
곡괭이 날을 되받아치며 돌멩이가 푸른 불똥을 튀겨냈지만
네 개의 구덩이를 파고서야 올해의 김장은 끝났다고
10촉짜리 알전구 아래에서 땀을 닦던 그 손이었다
환갑 너머 그림을 시작한 아버지의 손에는 링거 바늘이 꽂혀 있다
산수유나무와 배꽃 낡은 담배창고를 즐겨 그리던 손이었다
달을 그리려면 달 아닌 부분을 그려야 한다며
소나무 가지 위의 눈을 그리려면
소나무와 눈이 아닌 것을 그려야 한다며
함박눈처럼 웃으시던 얼굴에서는 이제 표정이 사라졌다
내 책장 속 책은 이렇게 말했다
인간은 얼굴 좌우에 각각 22개의 근육이 있고
이 근육들로 약 7천 가지의 표정을 만든다고
노인요양병원은 그 표정들이 수거되는 곳이었다

곡괭이 날을 되받아치던 푸른 불똥의 표정
그 앞에서 아랫입술을 깨물던 아버지의 표정
노랑 물감을 손에 묻힌 채
산수유마을을 완성했을 때의 그 표정은
봄눈처럼 사라지고 없었다
아버지의 그림만이 창고 속에서 먼지를 뒤집어쓰고 있을 터였다
이웃 마을에 가난한 화가가 있었는데
겉보리 세 가마를 내면 제자로 받아준다고 했단다
없는 살림에 겉보리 세 가마가 누구 집 강아지 이름이냐
그림 공부를 접은 게 해방 전 열다섯 즈음이었지
먹고 싶다고 먹고 하고 싶다고 할 수 있는 시절이 아니었다
모든 게 마음 같지 않던 때였다
그림을 접은 손으로 아버지는
미군의 구두를 닦았고
나비넥타이를 매고
미군의 술잔에 위스키를 따랐다
예순셋이 되어서야 다시 붓이 들려졌다
산수유나무, 살구나무, 팽나무, 복숭아나무, 느티나무…
겉보리 세 가마가 없어

아버지 속에 숨어 있어야 했던 나무들이
해방의 표정으로 쏟아져 나왔다
오후엔 비가 온다고 했다
나는 요양병원의 창문을 열어
봄비가 어떤 표정으로 내리고 있는지
나무들이 어떤 얼굴로 그 비를 맞고 있는지
아버지께 보여드리고 싶었지만
창문은 굳게 닫혀 있었고
아버지의 눈에서는
투명한 액체의 표정
말간 눈물이 흘러내렸다

방화벽

꿈과 현실을 가로지르는 거대한 방화벽
꿈의 불길이 현실로 옮겨붙거나
현실의 불이 꿈으로도 번지지 않는 것도 이 방화벽 덕이다
그런데 어찌된 일일까
탁자 위에 놓아둔 모과가 꿈속으로 흘러들어와 노랗게 익어가고 있었다

어느 시궁쥐 새끼들의 간지러운 이빨이 꿈과 현실을 가로지르는 성벽 곳곳에 구멍을 냈을까 어떤 날에는 눈을 뜨자 베갯속에서 쥐 떼들이 쏟아져 나왔다

누군가 잠든 내 뺨에 치자꽃 한 송이를 올려놓는다면
나는 그 향기에 취한 망국의 군주가 될지도 모른다

의사가 '수면장애'라고 이름붙인 것은 차라리 근사한 스펙터클이었다

줄무늬돌고래와 혀 꼬부라진 도마뱀과 소리치는 별들, 수은방울 속에 갇힌 나의 고막을 찢던 호랑이의 포효
지붕 위를 날렵하게 날던 새벽의 자객들, 비처럼 수직으

로 쏟아지던 눈알들이 갑자기 멈추며, 그 중 하나가 수평으로 내게 달려들던 밤의 소스라침, 내 집 굴뚝 속으로 떨어지던 별똥들과 부뚜막으로 몰려온 청개구리들, 공중에 떠 있는 투명한 슬픔의 보이지 않는 덩어리, 반지 속으로 온몸이 빨려들던 공포, 숙주의 복지 따위는 안중에도 없는
  '이기적인' 드림 프로덕션

  고함 소리도 없었고, 책상을 내리치는 소리도 없는
  기획회의가 수차례 열렸을 것인데 나는 어떤 기미도 느끼지 못했다

  시나리오도 콘티도 나는 관여한 바가 없다 캐릭터와 설정, 로케이션, 의상과 분장, 연기와 대사, 조명과 촬영과 녹음, 가위질
  그 어떤 것에도 관여한 바가 없다

  그러나 그것은 내 속에 일어난 사건

  내 안에 세 들어 있는 드림 프로덕션에 말한다

그래, 내 부실한 몸뚱이가 너희들의 무대로 쓸 만하더냐
느긋이 머물다 가시라

　머리가 희끗한 나보다 젊은 어머니와
　내게 반말을 하던 조무래기 친구들과
　잃어버린 우표책과 그 속에 수없이 꽂혀 있던 엘리자베스
　다락 속에 달그락거리던 생쥐들의 붉은 발가락,
　수면장애를 치료한다는 이유로 약물에 사라진 것들
　내 안으로 성큼성큼 걸어들어오던 두꺼비들과
　날 공중에 들어 날아올리던 돌고래들아

　오늘은 약을 버리고 꿈의 이부자리를 편다

뱁과 법

학교 문턱도 밟아보지 못한
할머니에게도 법과 이치는 있었다
밤에 휘파람을 불면 뱀이 나온다는 '뱁'이여—
"니가 시방 '타임머시기'를 타면 옛날로 간다고 했냐?
그라믄 죽은 큰놈도 간뎃놈도 다 볼 수 있다고야?
그럴 리가 있냐
그런 뱁은 읎어"
휘파람을 불면 나온다는 밤의 뱀들과
다시는 돌아오지 못하는 시간이
할머니의 뱁과 이치였다
씻지도 않은 무를 베어먹지 말라는 것은
나의 법이었고
암시랑토 않다며 흙 묻은 무를
크게 한 입 베어물던 건
할머니의 뱁이었다
법은 뱁을 흘겨보았지만
뱁은 법에 주눅들지 않았다
돌아가시기 전 혼미한 꿈속을 헤매시다가도
큰아버지 제삿날이면
새벽부터 일어나

찬물에 목욕을 하셨다
망자에게 극진했던
그건 할머니의 벱이었다
늦은 귀갓길 밤벌레 소리에 맞추어
"그리워하면 언젠가 만나게 되는…"
유행가 한 소절을 휘파람으로 불다보니—
뱀은 몰라도
불귀의 시간만은
할머니에게는 벱이고
나에게는 법이란 생각이 들었다
법과 벱의 아득한 거리 너머
총총한 별들
사람이 죽어 하늘의 별이 된다는 것은
할머니의 벱이었다
돌아가신 어머니도
재작년에 죽은 강아지도
모두 다 할머니의 벱 속에서
반짝이고 있었다

외통수

아버지 집이 흔들려요
멀쩡한 집이 왜 흔들려
장기나 두렴
장기판의 말들과 수레와 전차
왕의 코끼리와 병사들은 멀쩡했지만
차가운 기차선로에 귀를 댔을 때처럼
어떤 떨림이 나의 몸속으로 흘러들었다
아버지의 눈이 휘둥그레진 것은
흑백 TV의 속보 때문이었다
—홍성 지방에서 일어난 가벼운 지진으로
잠시 방송 상태가 고르지 못했던 점
시청자들께 양해를 구합니다—
넥타이를 맨 사내의 말에
휘둥그레진 아버지의 눈이 나를 향했다
이제 아버지의 눈은
더 이상 세상을 담지 않는다
주사바늘에 가끔 움찔할 뿐
젊은 간호사의 미소에는 미동조차 없다
차와 포를 떼고도
나의 왕을 궁지로 몰던 지략도
기울어지던 판세를

외통수로 뒤집었던 기개도
이제는 사라지고 없다
산수유를 그리던 손도
비틀리고 굽었다
아들도 딸도 손주도
깨진 거울에 비친 조각구름일 뿐
아버지를 면회하고 돌아온 날 새벽
약을 먹고 물을 마시고 침대에 누웠다
왼쪽 다리가 조용히 떨렸다
누구일까
내 몸의 현絃을 건드려보고 가는
저 새털구름 같은 손가락의 주인은
빗방울에 이는 먼지 같은 것
내가 모르는 어떤 음악의 일부를
아버지도 듣고 있을까
— 아니다
너는 내 몸을 닮아가고 있는 것이다
내 속으로 흘러들어온 아버지가
불쑥
외통수를 던지고 간다

자궁의 냄새

10년 전에 죽은 어머니가 내 앞에 서 있다
여자의 몸이 어머니의 냄새를 낳고 있다
털실로 짠 스웨터와 목도리는 불길로 던져졌는데
여자는 저 냄새를 납골당 어디에서 꺼내왔을까
혹 저 여자는 내 어머니의 얼굴로
이승의 손잡이를 꼭 붙들고 서 있는 것은 아닐까
고개를 들 수가 없다
여자가 낳은 어머니를 볼 수가 없다
여자의 꽃무늬 샌들과 낡은 청바지와
발톱의 앵둣빛은 어머니의 것이 아니다
여자의 냄새는 귓불과 목젖과 뺨과 입술에서 왔을까
항문이나 성기나 사타구니나 겨드랑이에서 왔을까
세상의 아들들이 기억하지 못하는
어미의 자궁 깊은 곳에서 왔을까
냄새는 말 못하는 짐승의 그리움일 뿐
어떤 아름다운 동물에게 바쳐진 꽃의 이름은 아니다
밑과 뒤를 큼큼거리던 짐승의 후예답게 호흡을 할 수 있다면
냄새에 대한 명상쯤은 던져버려도 좋으리라
어머니를 낳은 여자가 전동차에서 내린다
꽃무늬 샌들과 낡은 청바지와 앵둣빛 발톱이 따라 내린다

여자의 꽁무니를 따라가지 못하고 나는
여자가 벗어놓고 간 죽은 어머니와 함께
몇 개의 역을 더 갔다

묘비명

파주 용미리 시립묘지에 있는 할머니의 산소를 오르는데
묘비에 묘비명이 없는 무덤을 보았다
할머니의 산소에 성묘를 끝내고 내려오다
무슨 사연이라도 있을까
묘비 뒤로 돌아서니 이렇게 씌어 있었다

"저 푸른 산하, 저 푸른 하늘에 너는 살아라
사랑했던 사람이여, 사랑했던 사람이여"

세상을 등지고 망자를 향해 돌아선 문장
떠난 자를 돌려세울 수 없었던 노래
나는 코스모스 하나를 꺾어 무덤 위에 올려놓았다
무덤은 하늘을 보며 깜북 잠이 들기 좋은 곳이었다

4부

흠집

누굴까
이 하찮은 상처에
'흠집'이란 문패를 달고
틈 하나를 내어준 이는

불빛 하나

꽃구경 간 식솔들을 찾으러
쌍계사 주변을 헤맸다
꽃나무도 없었다
일주문도, 금강문도 없었다
수상한 것은
한때 선사의 지팡이였다는
느티나무의 과장된 침묵이었다
여느 늙은 나무였다면
바람에 우드득, 녹슨 관절을 꺾었을 테지만
천 살을 먹었다는 나무는
지팡이처럼 바람에 미동도 하지 않았다
주위를 둘러보니
대나무도, 편백나무도
모두 침묵 속에 서 있었다
시냇물도 소리를 내지 않았다
분분한 낙화
십 리 벚꽃길에도
소리들은 발뒤꿈치를 들고 가고 있었다
선사의 지팡이
늙은 나무의 침묵이

식솔들을 삼켰을지 모른다고
느티나무를 되우 흔들어대니—

사람의 목소리가
나의 잠을 깨웠다

빗소리를 밟고 달리는 차 바퀴
유리창을 흔드는 바람
그 소리 가운데서
내 이름을 부르며 걸어들어온
불빛 하나

먼나무

마음이 가자는 길을
몸이 힘겹게 따라나설 때
먼나무에 기대는 것은
너를 빌어서야 꽃 피울 수 있었던
봄날의 하루를 기억하는 것이다

가지와 가지가 어떻게 길을 내는지
그 가지에 달린 잎 속의 잎맥이
어떤 날의 빗줄기를 닮았는지
잎 속의 길들은 구부러져 어디로 모이는지
가지를 헤집고 나온 잎들이
어떻게 서로를 마주보며 어긋나는지
그 사소한 분란과
즐겁게 토닥이던 시시비비를 기억해내는 일이다

기억이란
물고기의 뼈와 부러진 우산대
교회당의 두릅나무와 한짝뿐인 신발과
꼬리를 흔들며 솟아오르던 가오리연이
수첩 속에 빼곡히 적어둔

서어나무, 황칠나무, 귀룽나무 이름과
어떻게 어울리는지를 헤아려보는 일이다

그때 어떤 구름이 우리 위를 지났는지
저녁이 어떤 휘파람 소리를 내며
우리 쪽으로 걸어오고 있었는지
꽃게처럼 앞발을 들고 달리던 포클레인
감나무에서 배꼽을 잡고 흔들리던 두 개의 감
어째서 그것들이 하나의 광주리 안에 담기는지
그 사소한 우연을 기억해내는 일이다

먼나무
멀고 먼 나무
모든 것이 넓고 아득해
저녁의 난간에 기대선 나무

벙어리장갑

손이 곱았다고
바람이 차다고
어머니는 당신의 스웨터를 풀어
벙어리장갑을 뜨셨다
까만 밤
별들이 또록또록
눈을 뜨는 밤

좁쌀꽃

찬물에 빨래를 끝낸 어미가
아이의 손을 쥔다

새의 겨드랑이에
돋는
좁쌀꽃

어미의 손이
조금 녹았다

봉평에서 대화까지*

밤을 패서 걷는 봉평에서 대화 80리
길을 보자고 나선 길이었지만
길은 어둠 속으로 물러서고
쓸쓸하게 뒤틀린 팽나무 한 그루와 차가워진 계곡물이
조선달과 나귀와 허생원과 한 젊은 사내가 몰려갔다는
대화장 쪽을 넌지시 일러주었다
대화장에는 노래방도 있고 편의점도 있다고 했지만
곤드레나물밥 메밀전병에 탁주도 몇 사발 걸친 뒤끝인데다
밤새 걸을 요량이었으니 서두를 이유가 없었다
걷는다는 것은 산길에선 나무들과 풀잎들을 지나치는 일이었지만
계곡에선 물과 물소리와 돌과 돌의 소리를 지나치는 일
밤새 궁시렁거리는 풀벌레 소리를 귓구멍 가득 들여앉히는 일이었다
어쩌면 마르지 않는 핏줄의 강을 건너는 일이었을지도 몰랐다
누구의 씨앗인지도 모르는 아이를 가진 처녀와
누구에게서 씨를 받았는지도 모르는 늙은 당나귀와
그 아랫배에서 생겨난 고사리 목숨처럼

고단하고 서러운 것들이 또 있을까
메밀꽃과 달빛과 물소리는
어떤 핏줄의 인연으로 사람과 축생들을 제 곁으로 불러냈을까
하늘의 별과 계곡을 따라 흘러가는 길과,
그 길을 지나쳐 간 어물장수와 땜장이와
엿장수와 생강장수와 늙은 당나귀는
어떤 인연으로 묶인 동리의 백성들이었을까
물소리에 옛날이 더욱 또렷해지는
봉평에서 대화까지
길은 정처 없는 자의 정처다

＊김유정의 소설 「메밀꽃 필 무렵」에서 허생원과 그 일행이 걷던 길.

곡우 무렵

병을 걱정해주면서도
벗은 자꾸 잔을 채워준다
봄비도 낙화를 걱정해주면서
종일 꽃나무를 적시는지

고요를 만나다

오줌을 누러
변소에 갔다

뚫린 천장 위로
달이 떠 있었다

목이 말라
물항아리 뚜껑을 여니

까만 하늘 속 달이
출렁이다가
이내 고요해졌다

그 고요를
건드려선 안 될 것 같아

나는
그냥
방으로
들어가
잤다

불귀

붉은새 꽁지를 좇다 길을 잃었나
각시붓꽃 처녀치마에 발목이 묶였나
약도 두고, 시계도 안경도 벗어두고
읽던 책도 접어두고
이 양반 어디 가서 오지를 않나
두릅순 참죽 끊어 데치고
냉이 캐어 시래기된장국 한 소끔 끓여놨더니
난을 치던 붓도, 봄날을 그려주던 물감도
먹다 남은 누룽지처럼 굳어가는데
먹물처럼 졸아붙는 새가슴만 남겨두고
이 양반 어디 가서 오지를 않나

아침*

아무리 해가 높이 떠도 아이들이 깨어나야 아침입니다

*평범해 보이는 이 한 문장의 시를 세월호의 현장, 팽목항에 걸어두니 완전히 다른 시가 되었다. 원래의 시, 원본을 쓴 건 나였지만 그 원본을 세월호의 현장에 걸어둠으로써 시의 의미를 폭발시킨 이는 허광봉 시인이었다. 이 시는 그에 의해 팽목항에서 새롭게 태어났다. 나는 '그 시'의 작자라고 할 수 없었다. 첫 시집에 넣을 시를 고를 때 '그 시'를 뺀 것도 그런 이유 때문이었다. '그 시'를 팽목항으로 분리하지 않았다면 이번 시집에서도 제외되었을 것이다. '세월호를 기억하며'라는 부제가 붙는 순간, 이 시는 어떤 독자의 것이 되고 만다. 나는 내 작품의 온전한 주인이 아니다. 세상에 온전한 원본은 없다. 엄밀히 말하자면 나는 내 작품의 해석에 참가하는 여러 사람 중의 하나일 뿐이다. 작품은 늘 작가와 독자, 그 이상이다.

애월에서

1

1월의 애월에 비가 내렸다
우산 없이 어제의 나무에게로 걸어갔다
비를 긋기에는 형편없는 나무였다
둥치는 여리고 가지는 성겼다
꽃도 이파리도 없이
비바람에 젖고 있는 애월을
언젠가 품속에서 꺼내리라고
꺼내어 아침의 길목에 세워두리라고
오래도록 나무를 바라보았다

2

검은 모래 해변에 밀려와
모래를 뒤집어쓴 쥐치를 보았다
물에서 왔으니 물로 가라고
꼬리를 잡고 파도 속으로 던져주었다

산 것들은 물살을 거스르려고
바다 쪽으로 꼬리를 흔들었지만
죽은 물고기들은 물의 흐름에 제 몸뚱이를 맡겨

다시 검은 모래 해변으로 밀려왔다

척추뼈와 아가리의 턱뼈와
송곳의 이빨보다는
몸통에 붙어 살랑거리는
그 한없이 부드러운 것
4월의 이파리 같은 것이
물살을 거스르는 힘
바람을 거스르는 날개였다

오래된 노래처럼

황혼이 길을 잘못 찾아들어
항구의 저녁이 유난히 아름다웠다고 하자
주머니에 손을 찌른
사람들의 눈이 붉었던 것은
드럼통에 지핀 불이 매웠기 때문이라 하자
왜 아늑한 것들은 멀리서 반짝이는지
어떤 저녁에는 코에 익은 비린내도
오래된 노래처럼 서러워지는 거라고 하자
보이던 사람이 보이지 않는 것은
새들이 좁쌀 같은 온기를 물고 날아갔기 때문이라 하자

크리스탈마운틴

쿠바의 서쪽 해안을 떠나온 해가
태평양을 건너 가평 연인봉 위에 걸렸다
청새치를 낚던 산호의 해안
하얀 수염의 헤밍웨이가 마셨다는
크리스탈마운틴
네가 있는 곳은 몇 시인가
붉은 커피나무 열매를 말린
원두를 볶고 갈아서
벗이 내린 커피는
늦은 가을처럼 깊다
시월의 벤치 위에서
하얀 수염의 하늘은 멀고
사람이 사람을 생각하는 마음만큼
둥근잎유홍초는 붉다

밤하늘의 등뼈

은하계의 지름은 십만 광년
이쪽에서 전화를 걸면
십만 년 뒤에 저쪽의 전화벨이 울린다
이쪽에서 보낸 이메일이
저쪽에 도착하기까지도 십만 년,
빛이 식음을 전폐하고 달려도
그리움은 기다림에 쉬 닿지 못한다
지상의 사람들은 젖빛 물결 위에
까마귀와 까치의 날개와 다리로
다리를 놓았다
다리를 딛고 선 다리 밑에
달이 뜨고 별이 뜬다
어떤 이들은 이곳을 밤하늘의 등뼈라 불렀다
이곳을 이름 없는 모래알의 길
하늘을 흐르는 갠지스라고 불렀던 이들은
주검을 떠내려 보낸 강물에서
양치를 하고 성기를 씻었다
살아 있는 것들이 사라진 것들과
함께 빛나는 하늘의 강
강은 지상으로 흘러 넘쳐

죽은 나뭇잎과 뿌리를 적시고
송전탑을 지나
갈대의 마을에 이르러 호흡을 고른다
작은 인기척에 깨어나는 불빛이
첫차의 유리창에 이마를 기댄
사람들의 검은 얼굴을 비출 때

아침의 안부를 물을 수 있는 이 조그마한 혹성

당신을 찾는 문자가 뜬다

편지

　붉은 물감을 풀어 아침에는 덜꿩나무 열매를 그렸다 정오쯤 성긴 눈이 내렸다 눈썹이 긴 벗이 사는 마을에는 거짓말처럼 큰눈이 내린다고 했다 내 집 창가에는 희끄무레한 것들이 날린다 나는 여기에 있고 저 눈보라의 한복판에 설 수는 없다 오직 계절만이 두 지붕 위에 같은 나무를 서게 할 수 있지만 오래 전에 눈을 틔운 이월의 나무들 곁에서 어떤 시커먼 나무는 아직도 파리한 입술로 목도리를 풀지 못하고 있다 이젠 그 칙칙한 목도리를 풀 때도 됐다는 말은 아직은 너에게 이르다 우리는 두 곳에 동시에 있을 수 없다 너라는 공간, 나라는 장소, 타인은 내가 모르는 계절, 내가 알 수 없는 달력의 이름이다

5부

에스프레소

피로 쓴 문장은
옥쇄처럼 무거워도
피로가 쓴 문장은
새의 혀처럼 짧고
깃털처럼 가볍다

에스프레소
한 잔에 떠오른
새들의 나라

페루
불면 꺼질 것 같은
폐허의 나루

등 뒤의 별

호주 동부 사막
개미탑을 탐사하던 인지과학자 P교수는
야영 중 찻물을 끓이다
인기척을 느껴 뒤를 돌아보았다
큰 개미 한 마리만 한 별이 있었다, 했다
먼 길을 걸어온 듯 남루한 모습으로
차 한잔 함께할 수 없겠느냐는 표정이었다
그 빛은 전갈처럼
찌르는 감각으로 온몸을 스치고
기어이 교수의 눈물샘을 건드렸다고 한다
"오래 전에
 제가 태어난 행성을 떠난 빛이
 하룻밤을 쉬기 위해 사막으로 온 것 같았습니다
 개미들의 곤한 잠을 방해하지 않으려고
 사람의 숙소를 찾았을지도 모르지요"
그러자 P교수는 말했다
"별빛은 피로를 모르죠
 생각을 장착하기엔
 너무 가볍습니다
 게다가, 누구를

'방문'할 만큼
별빛은 한가롭지 않아요
그저, 불시에
뜻하지 않게,
우연히—
저의 등 뒤에서
빛났을 뿐입니다"

VERTIGO*

버티고개를 지나다
피곤처럼 네가 몰려왔다
버티고
버티고
버티다
핀꽃처럼
어지럼처럼
알프레드
알프레드
알프레드
히치
콕
콕
콕
머리를 쪼아대는
새떼들처럼…

* '현기증'이란 뜻. 알프레드 히치콕 감독의 걸작으로 꼽히는 1958년에 만든 영화.

족도리풀

모래의 길을 걸어온 것도 아닌데
아침부터 눈이 마른 날이 있다
눈꺼풀에 내려앉는 모래를 털고
족도리풀 그늘 속으로 걸어들어가
잎 닫고 눈 감고
내게로 올 발자국 소리나 헤아리고 싶은

장님새우의 시간
― 삼척 대금굴 비룡폭포를 지나며

5억3천만 년의 시간이
비룡폭포에서 흘러내린다
동굴의 천장에서 방울져 떨어지는 석회석은
한때 물고기의 등뼈
산호의 심장
대왕조개의 갈비뼈였다
이곳은 '물골'이라 불리는 마을
서러움은 종유석의 손끝에서
석순의 가슴으로 이어지는
아득한 물길 천 리다
바다가 산이 되고
산이 바다가 되는 일은
우주의 한 귀퉁이에선
그리 낯선 일이 아니다
제 무게를 견디지 못하고
천장에서 떨어지는 눈물
그것이 석순의 젖가슴에 닿기까지
그리움은 팔만육천 개의 노을을 건너
박달나무 강기슭에 이르러야 한다
삶에서 죽음으로

죽음에서 삶으로
물방울은 자신이 지나온 길을
되돌아보지 않는다
그 길을 따라
장님새우 하나
지팡이도 없이
아득한 시간을 지켜보고 있다
입도 없고
눈도 없이

구름주유소

 해거름 여우재 넘어가는 길에 기름이 엥꼬가 되어 죽을 똥 살 똥으로 차를 밀고 가다보니 떡하니 푯말 하나가 나타나더라고 구름주유소라니, 기름주유소를 잘못 읽은 것이겠지 했더니 눈을 씻고 봐도 구름주유소라 누구 없소 불렀더니 발정난 고양이 울음소리만 연해 들리더라고 셀프주유소라 가격도 헐하니 우선 넣고 보자 싶어 주유구에 노즐을 집어넣고 기름을 넣는데 차가 으스스 몸서리를 되우치는 거라 요상하다 싶었지만 만땅으로 주유하고 액셀을 밟았더니 차가 공중으로 붕붕 뜨는 거라 이놈의 차가 실성을 했나, 백여시에 홀렸나, 못 먹을 걸 먹었나 싶어 어리벙벙해져 창밖을 보니, 어라 이것 봐라 빨강차, 노랑차, 파랑차, 온갖 색색을 뒤집어쓴 차들이 번호판도 없이 어둠 속을 달리고 있는 거라 마침 서 있는 차가 있어 여기가 어디냐고 운전사에게 물으니 당신 주위를 잘 둘러보라는데, 왼통 시커먼 먼지 구름 속인 게야 이쪽저쪽을 살피다 백미러를 들여다보니 얼레, 거울 속 계곡에 내가 새우처럼 구부러져 차갑게 식어 있더라고 구름주유소라 씌어 있을 때 애시당초 알아차렸어야 했는데 거기가 유턴이 불가하다는 불귀의 허공이었던 게야 후진기어도 먹지 않으니 어디 한갓진 데 주차해놓고 두 발 가지런히 뻗고 깜박깜박 밀린 잠이나 잘 수밖에

눈깔

 물은 깊이 병들었다 중추의 달이 저물면 바다는 붉고 푸르고 검게 변해갔다 어떤 고기는 거품을 물고 눈깔을 뒤집었고 어떤 고기는 물을 피해 얕은 물가로 가서 죽었다 어떤 고기는 맨땅으로 뛰어올랐다 비늘 가진 놈이 여기가 어디라고 뭍의 사람들은 쇠작살과 막대기로 찔러 죽여 이 고기의 살을 굽고 기름은 녹여 등불을 밝혔다 너는 누구의 씨앗이냐 등에 돋은 지느러미로 보면 상어였고 위에서 보면 바닥을 기는 가오리였다 뭍것들의 그물에 잡히느니 차라리 쇠몽둥이에 결딴나고 말리라는 부릅뜬 눈깔 가오리의 것도 아니고 상어의 것도 아닌 이 고약한 눈깔의 이름을 두고 어물전의 주인은 가래상어라 했다 밑구멍이 째지던 을해에서 병자 삼 년, 가래상어의 눈깔로 어떤 마을은 비린내나는 밤을 밝혔다

왕의 동전

 독립 시행은 이전의 시행이 다음 시행의 확률에 영향을 주지 않는 시행을 말한다, 라고 수학선생이 말했을 때 나는 나의 시행을 생각했다 바람이 잎사귀들을 흔들고, 잎사귀들이 나뭇가지를 흔들면, 나뭇가지가 애꿎은 새들을 공중으로 날려버린다 버릇없는 문장이라니, 인과의 서츠마저 벗어던진 시월의 새털구름이라니, 던져진 동전의, 앞면이 9천9백9십9번 나오더라도 다음 시행에서 동전의 앞면이 다시 나올 확률은 여전히 2분의 1이라고 수학선생이 말했을 때, 나는 내 주머니 속의 동전의 앞뒤가 다름을 확인했다 한쪽에는 왕이 얼굴이 한쪽에는 숫자가 새겨져 있었다 다른 것은 다른 것을 낳고, 다른 무게는 다른 확률을 낳는다 심지어는 같은 것도 다른 것을 낳지 않던가, 인과를 모른다는 것은 흠과 상처와 비운의 깊이를 모르는 것, 망국과 환란의 역사에 무지한 동전이 수학의 동전이었다 상처를 모르는 아이, 흠결 없는 존재, 수학자들의 동전은 세상에 없는 어떤 무구한 금속의 이름이었다 손에 쥐면 녹아버리는 봄눈의 이름

 이미 죽은 왕의 손이 세상에 없는 동전을 던질 때 그것을 독립시행이라고 나는 정의했다 수학은 납작했고 세상은 들쭉날쭉했다

오리너구리

　오리너구리의 알은 오리의 알도 아니고 너구리의 알도 아니다 오직 오리너구리가 낳은 오리너구리의 알이다 젖을 먹든지 알을 낳든지 하나만 하라는 것은 오리너구리에 대한 무례다 오리나무는 오리나무 오얏나무는 오얏나무 있는 것은 있을 뿐이지 어떤 식으로 있는 것도 아니고 어떤 식으로 있어야 할 것도 아니다 세상의 분류방식대로 있지 않고 오리너구리는 오직 오리너구리의 방식대로 있다 주둥이에 부리를 달건 발가락에 물갈퀴를 달건 그것은 오리너구리가 알아서 할 문제지 감 놔라 대추 놔라 할 일이 아니다 오리너구리의 알에서 오리가 나오는 법도 없고 너구리가 나오는 법도 없다 공룡이 나오는 법은 더더욱 없다 그곳은 오직 오리너구리가 깨어날 오리너구리의 집이다 오리너구리는 혼신의 힘으로 제 알을 몸 밖으로 밀어낼 뿐이고 오리너구리 새끼들은 알 밖으로 제 몸을 혼신으로 밀어낼 뿐이다 오리너구리는 그 혼신의 힘 젖먹던 힘의 다른 이름일 뿐이다

공기空氣의 상소문

 좌선하는 촛불선사의 눈썹을 떨게 하는 힘. 견우성 너머로 뗏목의 돛폭을 부풀리는 힘 물을 품은 흙에 장작의 더운 입김을 불어넣는 힘, 어둠 속에 놓아준 풍등을 아름다운 점으로 사라지게 하는 힘, 소신小臣 공기空氣 감히 몇 자 글로 바라는 바를 적습니다

 일찍이 물과 불, 흙과 공기는 가타부타로 서로 다투기도 하고 서로 돕기도 하고 시시비비로 서로 등을 돌리기도 하고 서로 끌어안기도 하며 세상을 빚는 당신의 도구로 긴하게 쓰였으니 세인들은 넷의 노고와 우정을 갸륵히 여겨 '4원소'라 이름하였으니 그 칭송에 어린 도타운 마음이 유비, 관우, 장비 세 형제의 도원결의에 뒤짐이 없으나 다만 한 가지 아쉬운 바는 물, 불, 흙은 한 음절이요, 사대육신 몸의 근간이 되는 피와 살과 뼈가 또한 한 음절이오니, 한 음절의 씨가 한 음절의 움이 되고, 한 음절의 움이 한 음절의 잎이 되고, 한 음절의 잎이 한 음절의 꽃이 되고, 한 음절의 낮이 한 음절의 밤이 되듯, 공기空氣라는 낯선 이역의 이름을 벗고 '숨'이라는 한 음절의 이름을 입게 하시어, 숨으로 하여금 또 다른 것에 이르도록 하소서 그리하여 물, 불, 숨, 흙이라는 한 음절의 벗들이 높고 낮음이 없는 가지런하고 무등無

등한 세상의 질료이며 해와 달과 별이 그러하듯 눈과 귀와 코와 입이 그러하듯 이름이란 단지 사물에 붙여진 소리와 색깔에 불과한 것이 아님을 세인들로 하여금 마음 기둥에 깊이 새기게 하소서

족제비꼬리털 붓

쥐수염 붓, 다람쥐털 붓, 염소털 붓, 토끼털 붓, 노루겨드랑이털 붓, 개털 붓, 담비꼬리털 붓, 허다한 붓 중에서 황모필, 족제비꼬리털 붓이 천하제일 붓, 조선의 족제비들이 시도 때도 없이 새끼를 쳐대도 한 달에 삼천 자루, 조공품과 하사품을 바칠 붓의 재료에 턱없이 미치지 못했다 붓을 대는 필공의 삶은 고달팠다 개털을 속에 넣고 겉만 족제비털로 덮었지만 기다리고 있었던 것은 왕의 노여움뿐 쥐뿔만큼의 너그러움도 없었다 글깨나 쓴다 하면 황모필을 찾는 통에 강퍅해진 족제비들의 삶, 무수한 덫과 올가미의 시절 혼기를 오래 전에 놓치고 심산궁곡으로 들어가 서책에 파묻혀 살던 한 족제비가 시절의 울분을 먹물로 토해냈으니 제 꼬리로 쓴 그 문장은 이렇다

먹물을 머금고 토해낼 기력만 있다면 돌멩이도 죽은 나무뿌리도, 처녀의 개짐도, 기생이나 들병이 가랑이 꼬부랑털도, 제 기량을 다하는 데 부족함이 없다 어찌하여 목숨 가진 것들을 죽여 그 체모를 잘라 살아 있는 자의 뜻을 담겠다는 것인가 천하 보검을 지닌들 베임에 능하지 못하다면 그 칼은 무엇인가 명필은 붓을 가리지 않으니, 글씨는 붓끝에 달렸고, 붓끝은 그것을 쥔 자의 손에 달렸으며, 그 손은 그

몸의 주인된 자의 마음에 달렸다 파도와 바람이 바위에 새긴 문장을 보라 무엇이 본本이며 무엇이 말末인가 족제비 서당의 훈장이 학동들에게 묻는다 무엇이 족제비를 살리고 필공을 살리고 글씨를 살리겠는가, 그 꼬리인가, 문장인가, 그것이 아니라면 또 무엇인가

연꽃잎차

  주돈이는 '애련설'에서 연꽃을 두고 "국화를 사랑하는 이는 도연명 이후로 들어본 일이 드물고, 연꽃을 사랑하는 이는 나와 함께할 자가 몇 사람인가"라고 했다 멀리서 바라볼 수는 있으나 함부로 가지고 놀 수 없다는 연꽃을 주돈이와 함께 아침 침상에서 맞는다 멀지도 가깝지도 않은 거리 그쯤에 주돈이는 연꽃을 두었던 것일까 지근의 거리에서 코는 필경 향기를 잃어버린다 세상의 향기여, 닿을 듯 닿지 않는 곳, 그곳에 너는 있어라

한 개의 저울, 두 개의 눈금

 한 장인이 자신의 공방을 뛰쳐나오며 외쳤다 "기쁘다! 완벽한 저울을 만들었다" 소문은 빨랐다 금가락지 한 쌍의 무게를 달아본 이가 있었다 저울은 휘청했다 기러기 깃털 하나를 올려 한 쪽 금가락지 위에 놓았을 때도 저울은 파르르 심장이 떨렸다 세상에 같은 무게를 가진 열매는 없었다 도토리도, 방아깨비도, 저마다의 무게를 달고 있었다 입김같이 사소한 무게에도 중심을 무너뜨리는 저울—이 저울은 어떤 거래도 만들어내지 못했다

 저울은 이웃 부족에게 전해졌다 부족장은 저울 앞에서 말했다 별빛과 햇빛과 달빛이 어찌 하나의 떨림이겠는가 사시나무와 떡갈나무의 떨림도 다른 것이다 다른 것 앞에서의 떨림 그것이 사랑의 시작이고 그것이 오고 가는 것의 시작이다 저녁은 태양을 굴리는 황금풍뎅이 다름은 노래를 만들고 돼지와 닭을 흔들리는 저울 위에 올려놓았다 역사는 꼬리에 꼬리를 무는 한 줄의 문장으로 그 시간을 압축했다

 다름이 떨림을 낳았고 떨림이 사랑을 낳았고 사랑은 시장을 낳았고 시장은 거래를 열었고 그 거래는 다시 사랑의 떨림으로 되돌아왔다

화살

화살은 활시위에 걸렸고
당겨졌고 튕겨졌다
화살은
무리를 이끌고
선두에 선 적도 없다
속도도 무게도
적의 심장도 몰랐다
어떤 화살이
도구의 운명을 한탄하며
날카로운 울음을 뱉었다지만
슬픔은 애당초
화살의 몫이 아니었다
어떤 화살은
나무의 심장에 박혀
온몸을 떨며 울었다지만,
그것조차 말하기를 좋아하는
꼬리 없는 두 발 짐승의
작란일 뿐이었다
붉은 깃발을 휘날리며
모반의 서찰을 품고서

흑암의 기둥에 꽂히던 화살도
활빈의 구호를 외치며
텅 빈 뒤주를 떠나던 화살도,
역천의 뜻은 없었다
창끝을 닮은 주둥이도
주둥이에 묻은 푸른 독도
그 독이 불러오는 뒤틀림도
화살의 뜻은 아니었다
화살통마저
화살을 담을 뜻이라곤
터럭만큼도 없었다

헌 신, 혹은 헌신

너의 신발을 닦는다는 건
가죽을 문지르는 일이 아니라
너의 내부를
조심스레 두드리는 일

너의 입에서 흘러나오는
잠꼬대 같은 소리에
귀를 씻는 일이다

잠든 이를 지켜보다
아침의 눈가를
살며시 닦아내는 일

닦는다는 것은
입술이 닿을 제 몸의 시간,
그 벼랑 같은 순간을
그려보는 일이다

선반 위에 놓인
한 켤레의 구두코에 담긴

낡고 정갈한 긍지

헌신이란
너의 무게를 짊어지고
말없이 허물어지는 일

나는 낡은 가죽을 벗고
사람의 무게를 말없이 견뎌준
오래된 침대의 침묵 위에
나를 눕힐 것이다

황혼은 어디서
저렇게 아름다운 상처를 얻어 오는지

우묵한 상처가
입을 벌릴 것이다

나의 시를 말한다

떨림과 머뭇거림의 경계

김보일

1. 경계에서의 떨림

　새벽이다. 내 집 저편에 하나둘 불이 켜진다. 소리들이 살아난다. 그러나 소리보다 먼저 내 몸에 작은 떨림이 감지된다. 무엇이 내 몸을 다녀가는 중일까? 그 미세한 떨림, 전류를 감지하는 바늘처럼 파르르 떠는 몸. 나는 조용히 내 속을 들여다본다. 파란 잉크가 풀리는 유리컵 안을 가만 들여다보듯.

> 펜을 잉크에 찍는다는 게 그만
> 무심코 유리컵 속에 찍었다
> 물 속으로 사라져가는 푸른 빛
> 저 창백한 빛을 건져
> 펜촉을 눌러 남은 편지를 쓴다면
> 물 속으로 나른하게 번지던 문장
> 그 끝을 당신은 한 글자 한 글자 읽어낼 것이다
> 　　　　　　　　　　　　―「새벽 편지」전문

잉크가 물에 풀려나가는 형상, 호수의 구석구석까지 둥그렇게 퍼져가는 물의 파동, 바로 그 떨림이 물질이 시간과 공간을 만들어내는 방식이 아닐까 생각한다. 첫 시집 『살구나무 빵집』이 역동적인 상상력의 비약에 초점을 맞추었다면 이번 시집에서는 저울추의 흔들림 같은 것, 새가 떠난 나뭇가지의 가녀린 흔들림, 가까스로 겨울 하늘에 도착한 별의 입김 같이 희미한 것에 주목했다.

「시간의 얼룩」, 「화살」, 「구름주유소」 같은 시는 도약 대신 관성, 폭발 대신 떨림을 택했다. 행과 행 사이를 넓혀 숨이 길게 이어지게 했고, 문장부호는 꼭 필요할 때에만 두었다. 쉬고, 끊고, 다시 이어가기를 독자의 뜻에 맡겼다.

이성복의 시 「분지일기」 중 한 구절이다.
"슬픔은 가슴보다 크고/ 흘러가는 것은/ 연필심보다 가는 납빛 십자가."

똑 부러지게 "이것은 이런 의미다"라고 단정할 수는 없지만, 유려한 리듬에 실린 울림이 나쁘지 않다. 그러나 의미는 흐릿하다. 작가는 의미의 결정자가 아니다. 작품은 대화의 공간이지 주장의 공간은 아니다. 나는 나의 의도가 나에게서 비롯된 것인지 확신할 수 없다. 내게서 비롯된 것이라고 생각한 것도 다시 보면 외부에서 흘러들어온 것일 때가 많았다.

아버지 집이 흔들려요
멀쩡한 집이 왜 흔들려

장기나 두렴
장기판의 말들과 수레와 전차
왕의 코끼리와 병사들은 멀쩡했지만
차가운 기차선로에 귀를 댔을 때처럼
어떤 떨림이 나의 몸속으로 흘러들었다
아버지의 눈이 휘둥그레진 것은
흑백 TV의 속보 때문이었다
—홍성 지방에서 일어난 가벼운 지진으로
잠시 방송 상태가 고르지 못했던 점
시청자들께 양해를 구합니다—
넥타이를 맨 사내의 말에
휘둥그레진 아버지의 눈이 나를 향했다

—「외통수」부분

  지진은 내 몸에서 일어난 사건이 아니다. 그러나 압도적인 힘을 가진 지진은 먼 곳에서 파동으로 전해져 내 몸에 흔적을 남겼다. 땅의 떨림이 내 몸에 전해진 흔적, 그 이후로도 나는 몸에 전해지는 무수한 떨림을 경험했다. 그 떨림은 어떤 물질의 파동이 몸에 일으키는 아주 자그마한 규모의 소란이라고 생각하고 대수롭지 않게 넘어갔다.
  그러나 '나의 왼손'에 온 떨림은 달랐다. 그 느낌이 온 곳은 내 몸의 바깥이 아니라 안쪽이었다. 내 몸이 내 몸을 쥐고 흔들어대고 있었다.

  나는 떨리는 나의 왼손이 좋다

꽁꽁 닫힌 문 앞에서 머뭇거리는
그런 수줍음이 좋다
오른손이 모르는 비밀을
너에게 살짝 들키고 싶다

―「나의 왼손」 전문

  나의 왼손, 정확히 검지손가락과 새끼손가락을 흔들던 것은 오랫동안 내 몸 속에 있었던 것이었다. 꿈과 현실을 분리시키는 「방화벽」에 구멍을 낸 것도 그 힘이었다. 나의 꿈에서 현실은 몸 밖에 있지 않았다. 꿈과 현실은 하나로 섞여 어떤 날은 기괴한 형상으로, 어떤 날은 무어라 말할 수 없는 형형색색의 무늬로 다가왔다.

2. 현실과 꿈의 섞임, 병의 징후

  의사는 말했다, "선생님, 아이의 뇌는 덜 성숙해서 현실과 꿈을 구분하지 못할 때가 있죠. 잠에서 막 깼을 때와 잠이 들 무렵이 그런 때죠. 현실에서 오줌을 누면 꿈에서도 오줌을 누는 것이 아이의 뇌가 덜 성숙했다는 증거죠, 아이가 성숙하면서 이런 증상은 사라집니다. 그런데 선생님의 뇌는…." 그런데 이후는 들리지 않았다. 나를 다녀간 무수한, 알 수 없는 기호들이 주마등처럼 빠르게 펼쳐졌다. 나의 꿈은 어떤 병의 징후였구나, 내 글은 그 징후의 파편들이었구나, 따개비굴에서 까만 실뱀이 붉은 혀를 날름거리며 또아리를 풀고 바닷물 속으로 기어늘어가는 순산 해변에서 일제히 떨어지던 동백나무 꽃들, 그 장엄한 낙하도 모두 징후였구나.

　나는 개의치 않고 그 징후들을 모았다. 꿈의 채집가. 그러나 그 대가는 만만치 않았다. 은반지 속으로 빨려들며 내 두개골은 부서질 듯했다. 어떤 날은 보이지 않지만 농밀한 기운이 공중에 떠 있었다. 슬픔이었다. 아무런 기척도, 냄새도 없이, 투명한 공중에 떠 있는 것, 없는 것 같기도 하고 있는 것 같기도 한, 그것은 분명 슬픔이었다. 그러나 꿈은 뛰어난 「드림 프로덕션」이기도 했다. 내 속에서 기획과 연출과 편집이, 시나리오의 완성과 촬영이, 촬영을 위한 로케이션과 화장과 분장이 착착 진행되었다. 나의 내부에서, 나에게 들키지 않고. 은밀히, 소리도 없이 기획회의와 제작회의도 열렸다. 소도구 담당은 무대를 세팅하고 오래 전에 살던 집의 다락방에서 놀랍게도 내 어린 시절의 푸른 스웨터를 가져다 꿈의 탁자 위에 올려놓기도 했다.

　정말 '서프라이즈'한 것은 돌아가신 어머니가 대역배우처럼 가발을 쓰고 등장한 꿈이었다. 노란 머리칼, 하녀 복장, 불룩한 가슴과 껑충한 키, 시커먼 눈썹, 붉은 입술, 전형적인 서양인 대역배우의 모습이었다. 왜 꿈은 나에게 어머니를 보내지 않고 대역배우, 그것도 엄마와 닮지도 않은 여자를 등장시켰을까. 하도 어이가 없어. 이봐요. 당신의 눈으로 당신을 봐. 어느 구석이 우리 엄마야, 라고 물으니. 다른 사람들은 나를 네 엄마라고 생각하는데 왜 너만 나에게 이러는 거지 하면서 여자는 픽픽픽 인형 배꼽에서 바람 빠지는 소리로 웃었다. 나도 같이 눈물이 나도록 웃었다.

　나는 이 말도 안 되는 사건이 일어나는 장소로 내 몸이 선택된 것이 나쁘지 않다. 내 안에 머물다 가시라, 내 몸을 숙주로 삼아 드나들던 붕붕거리는 벌들아. 기억 속의 푸른 스웨터야, 노랑 가발을 뒤집어쓴 껑충한 여자야, 새까만 공중에 내 몸을 들어올리던 알 수 없는 손길아.

내 시가 딛고 있는 토대는 현실과 꿈의 경계, 있는 것과 없는 것의 경계, 언어와 침묵의 경계, 새벽과 아침의 경계. 떨리는 것과 떨리지 않는 것의 경계였다.

꿈은 명확한 외곽선을 가지지 못한다. 기억은 영화처럼 선명하게 재생되지 않는다. 지나치게 단정적인 문장은 타인의 경험을 압도할 위험이 있다. 반면 애매한 서술은 해석의 숨통을 열어준다. 빛과 어둠이 서로의 경계를 허무는 시간, 커피 물에 설탕이 녹는다. 체온은 사기질의 찻잔에 스민다. 향기는 코에 스민다. 변신은 격렬한 변주라기보다 은밀한 겹침 혹은 녹음에 가깝다.

이 시간은 가능성의 틈이다. 선명한 외곽선이 사라진 자리, 무중력이란 공간이 그런 곳이 아닐까. 서로 다른 행성의 중력이 부딪히는 곳, 무중력 공간이란 중력이 사라진 공간이 아니라 중력이 붐비는 중력의 공간, 중력이 중력에 중화되어, 없는 것에 발을 딛고 경중경중 하늘을 걷는 소금쟁이의 공간.

도덕적 판단을 중지하는 것이 소설의 부도덕이 아니라 바로 소설의 도덕이라는 쿤데라의 말에 주저 없이 동의한다. 당신이 옳고 내가 그를 수 있다. 그러나 당신의 옳음이 모든 것을 설명할 수 있는 것은 아니며, 나의 그름이 언제나 주눅들어야 하는 것도 아니다. 현실에서도 그럴진대 하물며 문학에서랴. 상식을 가지고 문학을 이렇다 저렇다 가볍게 재단할 수는 없다. 소위 '내로남불'식 주장에 이의를 제기하는 공간이 바로 「밤하늘」이다.

일요일에 태어난 별과
수요일에 죽은 별이
나란히 밤하늘에 떠 있다
어둠이 물고기자리 너머에서
금요일의 별을 낳고 있을 때
손가락 마디마디를 짚어가며
충돌과 폭발, 신생과 죽음으로 점철된
우주의 역사를 기록하고 있는 별들도 있을 것이다
천산을 넘고 장강을 건너던 별도
붉은 깃발을 달고 대륙을 가로지르던 별도
우국의 문장을 남기고 자진한 별도
탁주에 혀가 풀려 곤죽이 된 별도
투전판에서 전답을 잃은 별도
모두 같은 자리에서
침묵의 문장으로 반짝일 것이다
일곱 번을 지우고도 파지가 되어버린 새벽의 문장도
지난 일주일 몸살을 앓았던 이녁의 시간도
밤하늘의 어디쯤에서 빛나고 있을 것이다
이긴 자와 진 자가 나란히 빛나는 하늘

—「밤하늘」 전문

밤하늘은 판정의 법정이 아니라 발화의 공터다. 빛이 세기를 겨루지 않듯, 이야기는 우열을 가리지 않는다. 각각의 별은 자기가 가진 고유한 떨림으로 저마다의 궤도를 완성할 뿐이다.

나는 문학이야말로 '옳음'과 '그름'의 명패를 잠시 내려놓고, 서로 다른 호흡과 다른 온도의 체험을 평평한 어둠 위에 놓아두는 장소라 믿는다. 그 장소를 밤하늘이라고 말해도 되겠다 싶다.

3. 타인, 내가 모르는 존재

별은 반짝이며 숨을 쉰다. 한 박자 쉬고 한 박자 나아가기. 내가 물러선 곳에서 당신의 이야기가 시작된다. 내 목소리가 지나간 곳에서 당신의 목소리가 시작된다. 당신의 경험이 내 시의 해석에 공간에 들어와 의미는 예상치 않은 폭발음을 만들어내기도 한다. 시가 쓰여지는 상황과 시가 낭송되는 상황은 겨울과 여름처럼 다른 것이어서 시는 각각의 의도와는 무관한 쪽으로 해석의 가지를 뻗기도 한다. 해석의 가지를 많이 뻗는 작품일수록 시의 마모의 속도가 더디다.

붉은 물감을 풀어 아침에는 덜꿩나무 열매를 그렸다
정오쯤 성긴 눈이 내렸다 눈썹이 긴 벗이 사는 마을에는
거짓말처럼 큰눈이 내린다고 했다 내 집 창가에는 희끄무
레한 것들이 날린다 나는 여기에 있고 저 눈보라의 한복
판에 설 수는 없다 오직 계절만이 두 지붕 위에 같은 나무

를 서게 할 수 있지만 오래 전에 눈을 틔운 이월의 나무들 곁에서 어떤 시커먼 나무는 아직도 파리한 입술로 목도리를 풀지 못하고 있다 이젠 그 칙칙한 목도리를 풀 때도 됐다는 말은 아직은 너에게 이르다 우리는 두 곳에 동시에 있을 수 없다 너라는 공간, 나라는 장소, 타인은 내가 모르는 계절, 내가 알 수 없는 달력의 이름이다

―「편지」전문

 편지는, 두 지점 사이를 건너가는 느린 징검돌이다. 한 사람은 눈발이 성긴 창가에, 다른 한 사람은 거짓말처럼 큰 눈이 내리는 골목에 서 있다. 우리는 두 곳에 동시에 있을 수 없다. 그 좁힐 수 없는 거리에서 어긋나는 사건들, 그 사건들의 기록이 내 시였던 것 같다.

 내가 편지를 쓴 시간과 네가 편지를 읽는 시간은 다르다. 너의 계절은 나의 계절과 다르다. 그 시간의 차이가 오해를 낳기도 하지만, 어떤 오해는 사랑보다 깊다. 오히려 너를 알고 있다는 확신이 너를 아프게 하기도 한다. 알 수 없는 것 앞에서의 서성임과 머뭇거림이 너라는 신비다.

 타인은 "내가 알 수 없는 달력의 이름"이다. 너의 시간이 기록된 달력 앞에서 나는 흔들린다. 너라는 계절 속에는 네가 마시던 찻잔. "프루스트를 읽다가 허기가 져 바나나를 먹었다," 알 수 없는 쪽지가 놓여 있다. 내가 모르는 그래서 아름다운 타인. 지금의 정보만으로도 충분하다.

 색이 번질 때

색의 경계가 허물어지는 곳에서는
　　뭐라 말할 수 없는 빛깔이 생겨난다

　　내가 너로 번질 때도 그랬다

　　너에게 있는 것이 내게로 오고
　　나에게 있는 것이 너에게로 갔다

　　　　　　　　　　　　　　　―「수묵화」 전문

　수묵은 한 획이 마르기도 전에 다른 획을 불러들이고, 물기와 물기가 만나는 순간에만 존재할 수 있는 빛깔을 탄생시킨다. 그것은 농도의 마술이다. 시도 다르지 않다. 내 문장이 당신의 시간을 적실 때, 그 접촉면에서만 깜빡 피어나는 어떤 새로운 온도―그것을 시의 온도라고 감히 말해본다.

　나는 오늘도 책상 앞에 앉아 도착을 서두르지 않는 편지를 쓸 것이다. 번짐을 두려워하지 않는 문장을, 당신이 올려다볼 밤하늘에 뿌려놓을 것이다.

현대시세계 시인선 182
겨자씨의 문장

지은이_ 김보일
펴낸이_ 조현석
기　획_ 김정수, 우대식
펴낸곳_ 북인
디자인_ 푸른영토

1판 1쇄_ 2025년 08월 07일
출판등록번호_ 313 - 2004 - 000111
주소_ 121 - 842 서울 마포구 서교동 460 - 34, 501호
전화_ 02 - 323 - 7767
팩스_ 02 - 323 - 7845

ISBN 979-11-6512-182-2　　03810
ⓒ김보일, 2025

책값은 뒤표지에 있습니다.
저자와 협의 아래 인지를 생략합니다.

이 책의 글과 그림에 관한 저작권은 저자와 출판사에 있습니다.
저자 허락과 출판사 동의 없이 내용의 일부를 인용, 발췌를 금합니다.